ᴅɪᴇᴜ — **ᴘᴀᴛʀɪᴇ**

POCHETTE
DU
CONSCRIT FRANÇAIS

3ᵐᵉ ÉDITION

revue et augmentée de la liste des Œuvres paroissiales militaires.

« *Lisez.... faites... et vous serez heureux.* »

LYON
LIBRAIRIE EMMANUEL VITTE
Imprimeur-Éditeur
3, place Bellecour, 3
—
1897

POCHETTE

DU

CONSCRIT FRANÇAIS

DIEU ET PATRIE

POCHETTE

DU

CONSCRIT FRANÇAIS

3ᵐᵉ ÉDITION

revue et augmentée de la liste des Œuvres paroissiales militaires.

« Lisez.... faites.... et vous serez heureux. »

LYON
LIBRAIRIE EMMANUEL VITTE
Imprimeur-Éditeur
3, place Bellecour, 3

—

1897

« Pars et va à l'armée... il le faut.
« Sois bonne enfant et Dieu t'aidera. »

(L'archange Saint Michel.)

« Toutes mes œuvres et mes faits sont en la main de Dieu et je m'en attends de lui. »
« Les gens d'armes batailleront et Dieu donnera la victoire.

(Jeanne d'Arc.)

APPROBATIONS [1]

Voilà un opuscule qu'il faudrait mettre entre les mains de tous nos jeunes soldats. Tout ce qu'il renferme est juste, sage et parfaitement approprié à l'état militaire.

De tels conseils sont le fruit de l'expérience, et nous les croyons appelés à faire beaucoup de bien.

Lyon, le 23 octobre 1896.

J. DÉCHELETTE, *vic. gén.*

Cette brochure est conçue dans un esprit excellent et sa forme est parfaite.

UN COMMANDANT DE CORPS D'ARMÉE.

Merci pour votre *Pochette*. Je l'ai lue avec un vif intérêt ; elle renferme d'excellents conseils auxquels les officiers seraient heureux de voir tous les jeunes soldats se conformer. COLONEL L.

Ces 50 pages d'aspect modeste peuvent rendre de réels services à nombre de conscrits en leur faisant toucher du doigt le *devoir*. Faire son devoir est toujours le plus facile et le plus avantageux.

COLONEL H.

Votre catéchisme militaire du jeune conscrit est un pur chef-d'œuvre. Il est court et en dit très long. Les bons conseils y coulent à pleins bords. Je souhaite ardemment qu'ils portent leurs fruits et ils les porteront... CAPITAINE E. B.

---

[1] Ces approbations, prises parmi de nombreuses lettres d'évêques, de généraux, d'officiers supérieurs et d'aumôniers militaires, donnent une appréciation suffisante de cette brochure.

La mission du soldat est assez belle, assez grande, pour qu'il en soit fier : du jour où il est devenu gardien armé de l'honneur de son pays, il a revêtu un rôle considérable et noble.

Toutes ses petites misères, toutes ses fatigues, tous ses ennuis seront supportés vaillamment et gaiement, s'il ne perd pas de vue le but grandiose pour lequel il est préparé.

(Extrait du rapport d'un colonel.)

« On aime sa famille, mais on meurt pour la patrie. »

(Général AUCLERT)

I

Avant le départ.

1º Préparatifs spirituels.

1º Ne manquez pas de mettre votre conscience en règle et, si cela vous est facile, faites une *retraite* de quelques jours.

Assistez à la *messe de départ* et faites-y la sainte communion pour ces chers parents que vous allez quitter, et pour obtenir de Dieu la grâce de ne jamais être l'esclave du respect humain.

Renouvelez votre *scapulaire* et n'oubliez pas d'y faire coudre une *médaille* de la sainte Vierge : cela porte bonheur.

Vous ne sauriez mieux faire que le maréchal Bugeaud, gouverneur de l'Algérie. Ce glorieux soldat ne craignait pas de montrer sa médaille autour de lui : « J'ai promis à ma fille de ne pas m'en séparer », disait-t-il ; et le matin d'une bataille, l'ayant oubliée dans sa tente, il l'envoya chercher par une ordonnance. « Maintenant, dit-il tout haut en la recevant, allons battre les Kabyles. »

2º Priez votre curé de remplir la **Feuille de route** qui se trouve à la fin de cette brochure : elle vous servira de lettre de recommandation pour *l'aumônier militaire* de votre garnison.

Vous irez le voir *au premier moment libre*. Au courant des usages de votre futur séjour, connaissant vos chefs et vos futurs camarades, il peut, plus que personne, vous donner des conseils tout à fait opportuns.

3º **Préparatifs matériels.**

Ce ne sera pas inutile de vous exercer *à manier un peu l'aiguille :* il faut savoir recoudre une déchirure et poser un bouton ; ce détail qui paraît insignifiant a sa valeur.

Faites couper vos *cheveux ras :* c'est une première bonne note et une corvée de moins.

Pour garnir votre *musette* ou votre valise, tenez-vous-en aux conseils de l'article qui suit.

II

Objets à emporter.

1° Le conscrit est souvent tenté de se munir de trop de choses qui l'embarrasseront plus tard.

Le mieux est de ne prendre que les choses à peu près indispensables qui ne sont pas fournies par l'Etat :

Un tricot de laine, très utile en hiver ;
Chaussettes, non fournies par l'Etat.

2° On peut ajouter :

Quelques mouchoirs, l'Etat n'en donne que deux ;
Une ou deux chemises, l'Etat en donne trois ;
Une ou deux serviettes, l'Etat en donne deux ;
Aiguilles, fil, ciseaux, savon, peigne, sont bien fournis par l'Etat, mais ne sont pas de première qualité ;
Dans la poche : *très bon couteau, porte-monnaie solide*... (et chapelet).

La plupart de ces menus objets pourraient sans doute être achetés à l'arrivée, à la cantine ou ailleurs, mais il est certainement préférable, et pour plusieurs raisons, de se les procurer avant.

Le tout peut se renfermer dans une petite valise qui trouvera sa place au local de l'Œuvre militaire.

3° *Eviter les objets de prix ou de luxe*, ils n'auraient d'autre utilité que de tenter certaines mains douteuses. — PAS DE MONTRE DE PRIX. Il y en a depuis cinq francs, c'est tout ce qu'il vous faut, attendu que vous n'êtes pas chargé de régler l'observatoire, et que le clairon ou la trompette sonnent les heures utiles à connaître.

4° En fait de *provisions de bouche* n'emportez que celles nécessaires pour le temps du voyage ; à la caserne elles courraient risque de se moisir... ou de servir à d'autres.

III

Questions d'argent.

1° Il n'est pas inutile d'emporter *un peu d'argent*, mais il importe beaucoup de ne le dépenser qu'à propos.

Confiez-le à votre aumônier. Il se fera un plaisir de vous le garder en dépôt et même de recevoir à son nom les mandats que vos parents auraient à vous envoyer : de cette façon nul de vos camarades ne sera tenté de frapper à votre bourse.

2° La **bienvenue** payée (et tous les *bleus* d'une chambrée s'entendent pour cela), votre argent ne doit servir qu'à reconnaître les petits services d'un camarade par l'offre faite de temps en temps d'une bouteille ou d'un café, ou bien à aider à la conservation de la santé.

Un verre de vin après un exercice fatigant, un morceau de fromage le jour où la gamelle est insuffisante : argent bien employé.

Dépenser mal à propos, c'est se préparer ordinairement d'amers regrets.

3° Les **prêts** ou **emprunts d'argent** ont toujours de fâcheuses conséquences. Se les interdire absolument.

IV

Jour du départ.

1º Conserver tout son sang-froid.

Eviter surtout l'ivresse. — Le réveil n'en serait que plus triste.

2º Les jeunes soldats rejoignent maintenant leur corps individuellement d'après un ordre d'appel que le service du recrutement leur fait parvenir.

Bien remarquer le jour et l'heure prescrits pour l'arrivée et s'y conformer *scrupuleusement*.

Aucune raison ne serait acceptée pour justifier un retard quelconque.

3º A l'arrivée dans la ville, ne pas s'attarder sous prétexte de jouir d'un dernier reste de liberté ; ne pas se laisser entraîner par les camarades, mais se rendre *immédiatement* à la caserne.

La *seule exception* permise serait, si elle est possible, une *très courte* visite à l'aumônier militaire.

V

A la caserne.

1° Avis généraux.

« *Le bon français estime l'état militaire et l'accepte avec empressement et fierté.* »

C'est un genre, pour la plupart, de s'en moquer avec un scepticisme railleur.

Réagir au moins au dedans de soi.

Ne pas considérer la vie du soldat comme un esclavage, mais comme un honneur.

Ne pas croire ce qu'en disent les camarades plus anciens. Ils se font généralement plus mauvais qu'ils ne sont. Demandez au plus sceptique s'il ne sent pas son cœur battre quand il présente l'arme au drapeau ?

S'entretenir de ces idées pour se donner du courage aux heures tristes, qu'il faut chasser à tout prix : « Un soldat triste, *est un triste soldat.* » La **nostalgie** (mal du pays) serait meurtrière à tous les points de vue.

Eviter surtout de se croire descendu d'un degré dans la société parce qu'on a revêtu l'uniforme. Tel jeune homme bien élevé se croit tout permis dès qu'il est soldat : mauvaise tenue, propos grossiers.... C'est là une des erreurs les plus funestes.

2º A la chambrée.

L'arrivée dans la chambrée est ordinairement pénible pour le jeune homme bien élevé, par suite de l'atmosphère de grossièreté que l'on y respire quelquefois.

Il faut éviter d'y avoir un rôle.

Laisser donc absolument de côté les conversations ordurières et les blasphèmes.

Ne rien dire, ne rien faire que l'on ne puisse dire ou faire devant sa mère.

Réagir par l'exemple de la dignité et de la bonne tenue. (Voir aussi page 27.)

On acquiert de cette façon plus d'influence et de considération qu'on ne le croit généralement.

Eviter d'autre part de vouloir sermonner et faire des discours.

Cela ne servirait à rien, au contraire. S'il se passe ou s'il se dit quelque chose de nature à vous scandaliser, protestez simplement par un silence digne.

Si vous sentez qu'il est opportun de donner votre avis, faites-le énergiquement mais sobrement.

Enfin, si vous voulez prêcher, il n'y a qu'un moyen : *l'exemple.*

3º Les premières heures de service.

Le lendemain de l'arrivée, lorsque vous sortirez du magasin d'habillement revêtu de votre nouvel uniforme, soyez fier de le porter.

Si la corvée est pénible, songez que le soir vous passerez dans la rue, cadençant le pas derrière la musique, et que le premier *pékin* venu s'arrêtera pour vous regarder passer.

Evitez dès le premier jour d'entrer dans le contingent de ces soldats toujours encroûtés, et bons seulement pour décrocher une permission, ou pour rêver jour et nuit au bonheur de devenir ordonnance ou auxiliaire de bureau quelconque.

Montez la garde à votre tour et ne vous faites pas remplacer pour le piquet de ronde ou d'incendie, sans raison sérieuse.

4º Si on vous choisit pour le **peloton d'instruction**, acceptez, c'est un honneur qu'on vous fait, il vous conduit aux galons de laine, et, par ceux-ci on gagne les autres.

Les avantages que le grade procure, compensent largement la peine que l'on a prise pour le gagner.

(Ce dernier conseil concerne moins les religieux et les séminaristes : les obligations résultant de leurs règlements religieux s'accommoderaient peut-être difficilement du surcroît de travail nécessaire à l'obtention des grades) (1).

---

(1) Voir, à ce sujet, le supplément de la *Pochette du Conscrit* à l'usage des religieux et séminaristes soldats.

VI

Obéissance et discipline.

1° *Conservez toujours et malgré tout une haute idée de* **l'obéissance**.

Songez qu'elle est strictement nécessaire dans l'armée.

Elle n'entrave en rien le développement de l'intelligence, comme le prétendent certains sophistes, elle ne fait que dompter la volonté.

Loin d'abaisser les caractères, elle les relève; car elle exige souvent une grande force d'âme.

En obligeant le soldat à faire abnégation de sa propre pensée, pour mettre son intelligence au service d'une volonté autre que la sienne, elle sollicite le dévouement qui *engendre les plus nobles actions*, et quand ce dévouement s'élève jusqu'au sacrifice de la vie, *l'obéissance a une grandeur qui étonne et qui impose le respect*.

(Conseils d'un colonel.)

2° Le règlement sur le service intérieur s'exprime ainsi :

« **La discipline** faisant la force principale des armées, il importe que tout supérieur obtienne de ses subordonnés *une obéissance entière* et une soumission de tous les instants, que les ordres soient exécutés littéralement, *sans hésitation ni murmure* ; l'autorité qui les donne en est responsable, et la réclamation n'est permise à l'inférieur que lorsqu'il a obéi. »

« Si l'intérêt du service demande que la discipline soit ferme, il veut, en même temps, qu'elle soit **paternelle**. Toute rigueur qui n'est pas de nécessité, toute punition qui n'est pas déterminée par le règlement, ou que ferait prononcer un sentiment autre que celui du devoir, *tout acte, tout geste, tout propos outrageant d'un supérieur envers son subordonné, sont sévèrement interdits*. Les membres de la hiérarchie militaire, à quelque degré qu'ils y soient placés, doivent traiter leurs inférieurs avec bonté, être pour eux des guides bienveillants, leur porter tout l'intérêt et avoir envers eux tous les égards dûs à des hommes dont la valeur et le dévouement procurent leurs succès et préparent leur gloire. »

3º On trouverait dans d'innombrables ordres du jour des preuves de l'affection paternelle que les chefs ont pour leurs hommes, officiers ou soldats. Citons entr'autres celui du général Fabre (22 août 1897) : « Au revoir, mes amis. Pensez quelquefois à votre ancien chef comme il pensera souvent à vous. Votre souvenir vivifiera ma retraite et lorsque Dieu me rappellera à lui, *si ma dernière pensée est pour la France, le dernier b   nt de mon cœur sera pour vous.* »

VII

Honneur et Drapeau !

1º « **L'honneur** est un sentiment délicat, intime, que nous inspire l'amour du devoir et l'horreur du mal ; il *inspire le sacrifice*, il *conseille le dévouement, il accompagne la vertu.*

« La solidarité avec laquelle il unit tous les membres de l'armée est si étroite que, dans les circonstances critiques, chacun expose sa vie pour sauver l'honneur du groupe dont il fait partie.

« L'honneur militaire est un ressort qui, loin de s'user se retrempe par l'usage intelligent qu'on sait en faire. »   (*Conseils d'un colonel.*)

2º Un mot sur le **duel**, cette funeste et quelquefois si terrible conséquence d'une fausse interprétation de l'honneur !

Le duel entre soldats ne se trouve nulle part compris au nombre des cas prévus pouvant faire l'objet d'un service commandé.

« Tant que j'aurai l'honneur de commander mon régiment, disait un brave colonel, je vous jure qu'il n'y aura pas de duel. »

Napoléon Ier disait : « *duelliste, mauvais soldat* » et aussi mauvais chrétien. (Voir la *Vie du général de Sonis,* par Mgr Bougaud, page 417.)

3º « Le **drapeau** national est l'emblème de la patrie, partout où il flotte, il représente le pays, son histoire, son avenir, ses aspirations, ses espérances.

« Pour le soldat, il symbolise l'honneur militaire, il lui rappelle le devoir, il lui trace la voie à suivre en toute occasion : il est le signe de ralliement autour duquel viennent se grouper, pendant le combat, les forces éparses du régiment pour se préparer à de nouvelles luttes et à de nouveaux efforts.

Les honneurs militaires qui lui sont rendus rappellent rapidement à chaque soldat le patriotisme et le dévouement qu'il doit à son pays.

Dans un régiment les hommes passent, le drapeau reste. »

VIII

Devoirs envers les Supérieurs.

1º Dès l'arrivée, le jeune soldat entendra dire du mal de la plupart de ses supérieurs, beaucoup de bien de quelques-uns.

Ne pas accepter ces jugements tout faits.

Le supérieur petit ou grand, ne doit jamais être jugé simplement comme homme.

Garder *dans tous les cas* ses jugements pour soi : « trop parler nuit ».

Si les supérieurs ont quelquefois l'air dur, ne pas s'en effrayer ; cette attitude est nécessaire vis à-vis de certains caractères. Ils auront vite fait, du reste, de distinguer le *soldat docile et soumis* qui sait obéir sans avoir besoin d'être menacé.

2º Une chose qu'il importe beaucoup d'éviter surtout dès le commencement, c'est d'avoir de trop grandes relations avec les supérieurs *en dehors du service*.

Se tenir dans une prudente réserve.

Le contraire ne mène à rien de bon et conduit quelquefois à des choses désastreuses.

Le supérieur que vous fréquentez — sous-officier ordinairement — est amené à vous accorder des faveurs dont les camarades seront jaloux. Lui-même ira jusqu'à engager sa responsabilité. Mais si cela lui suscite des ennuis, gare! il se retournera furieux contre vous.

3º Un exemple :

Le lieutenant de la compagnie vous inflige 4 jours de consigne pour une vétille. Le mieux serait de faire votre punition simplement. Mais vous êtes justement très bien avec le sergent de semaine qui consent à vous laisser sortir. Neuf fois sur dix vous n'aurez pas fait trois pas hors de la caserne que vous rencontrerez votre lieutenant. Alors 1ª punition *sévère* pour vous : « Est sorti étant puni, preuve d'insoumission »; 2º punition non moins sévère pour le sergent.

Celui-ci aura toujours une sorte de rancune, et à l'avenir vous tiendra « à l'œil ».

Donc point de ce que l'on appelle « le fricotage ».

Le « fricoteur » est mal vu *de tous* et paie chèrement, tôt ou tard, les faveurs qu'il s'est indûment procurées.

IX

Des Punitions.

1º Ne pas s'alarmer des punitions légères, méritées ou imméritées. En prendre gaiement son parti.

Ne jamais risquer de *punitions graves : celles-là peuvent toujours s'éviter.*

Se soumettre sans murmures et sans protestations. Si l'on est victime de petites injustices, les souffrir simplement et patiemment sans même se plaindre. C'est la menue monnaie de la vie. Le vrai chrétien ne peut qu'en être heureux.

2º Si l'injustice est plus grande et ne peut être acceptée, réclamer dans la forme voulue par le règlement.

Commencer la punition et réclamer ensuite fermement, mais *avec calme, sans esprit de vengeance*, et sans autre but que de faire reconnaître son innocence.

Ne jamais entrer dans d'autres détails que ceux qui concernent exclusivement la question.

3º Voulez-vous une preuve que vos chefs n'aiment pas à punir ? Lisez cet extrait du rapport d'un colonel pour le jour de l'an (1896) :

« Les punitions de consigne et de salle de police seront levées.

« Le colonel constate avec peine que les punitions sont trop nombreuses ; il désire qu'elles le soient moins à l'avenir, et pour cela il fait appel au bon vouloir, à la patience et à la bienveillance des uns et des autres. Beaucoup de fautes peuvent être prévenues par des conseils, par des avertissements et les punitions seront ainsi évitées. »

(Colonel M.)

4º Pour mémoire : les *chambres en ville* et les uniformes *fantaisie* sont une pépinière assurée de punitions.

X

Relations avec les camarades.

1º Un conseil qui les résume tous : **Etre charitable et aimer à rendre service.**

C'est le meilleur moyen d'adoucir les moments pénibles. Cela est si vrai que l'indifférence qui semble régner dans la chambrée n'existe qu'à la surface. Il suffit de *l'exemple* d'un bon mouvement pour que toutes les bonnes volontés se mettent en branle.

2º Un exemple pas rare : Un jeune soldat non encore formé aux détails du métier se trouve en retard pour une revue. Cinq minutes avant de descendre sac au dos, alors que tout le monde est prêt, son ceinturon, son sabre, son sac, ses courroies et accessoires sont encore pêle-mêle sur son lit. On le blague un peu — mais soudain son voisin prend pitié de lui et lui donne un coup de main. Cela suffit : tout le monde s'y met, et le pauvre conscrit se trouve en un tour de main ceinturonné, bouclé, chargé ; il est prêt.

Pas besoin de dire que cet acte de bonté gagna au voisin charitable l'estime de toute la chambrée; dès lors tout apostolat lui devint facile.

3º Se chercher un camarade, *le bien choisir*. Un ami est nécessaire, indispensable même. Le prendre parmi *ceux dont la condition de fortune est* semblable à la vôtre.

Quand le jeune soldat reviendra du magasin d'habillement, chargé de tout son fourbi, un ancien se propose ordinairement pour lui apprendre à se débrouiller et pour le mettre au courant des mille petits détails du métier.

Acceptez ses services. On les récompense ordinairement par quelques tournées à la cantine.

4º En principe, le jeune soldat doit toujours éviter de « faire suisse », c'est-à-dire de se payer *seul* des douceurs.

On invite toujours un camarade.

L'usage, *toujours respecté*, veut du reste qu'une politesse soit toujours rendue. C'est une tradition dans la vie militaire. Les plus pauvres s'y conforment et cela a quelquefois quelque chose de touchant.

5º Entre civils, les *discussions politiques* ont toujours des conséquences fâcheuses, ce serait bien pire entre soldats. Il ne faut jamais ni les faire naître ni les continuer.

XI

Les brimades.

1° Les brimades diminuent et disparaissent de plus en plus.

Payer son tribut gaiement sans *jamais* se fâcher. S'y prêter même et y prendre part lorsque la farce est inoffensive (1).

Si elle est un peu méchante, la supporter avec patience, Dieu en tiendra compte. S'abstenir rigoureusement d'y prendre part vis-à-vis des autres ; ne jamais se venger.

Si la brimade est de nature à blesser la pudeur, y résister fermement et vigoureusement.

La farce finie, venir toujours en aide à la victime pour remettre ses affaires en ordre, s'il y a lieu.

---

(1) Si votre lit est en bascule, tombez le plus bravement possible, et riez autant que les autres.

2° Les supérieurs tiennent généralement la main à ce que ces plaisanteries ne dépassent pas certaines bornes. Leur responsabilité y est engagée.

3° Si les jeunes soldats prenaient l'engagement de ne jamais, lorsqu'ils seront devenus des anciens, faire souffrir aux autres ce qu'ils ont souffert eux-mêmes, les farces stupides disparaîtraient. Malheureusement, c'est la résolution contraire qui est souvent prise.

4° Autre remède efficace : Ne pas craindre d'apporter dans la chambrée quelques farces innocentes, quelques bons mots inoffensifs, jeux ou tours, etc. Rien de tel pour mettre à néant les farces méchantes des mauvais farceurs.

La chambrée appartient à qui sait la faire rire et l'amuser (1).

On commence par cette première influence, elle peut être le premier échelon de l'influence morale qui ne tarde pas à venir.

---

(1) La *Pochette du Boute en train* (même éditeur) contient de nombreuses recettes de jeux et d'amusements.

XII

Devoirs envers soi-même.

1° Propreté.

La propreté est réellement une vertu pour le soldat ; propreté *du corps*, qui évite les maladies ; propreté *des effets et armes* qui évite les punitions.

Les trois quarts des punitions ne proviennent que du manque de propreté.

(Le général de Saint-Mars avait prescrit aux soldats-ordonnances de se nettoyer les ongles avec un papier plié en huit : très bon système pour ceux qui n'ont pas de lime à ongles dans leur poche.)

2° Tempérance.

La tempérance est d'autant plus nécessaire au soldat que **l'ivresse est déshonorante** *pour lui et le conduit aux pires choses*. L'ivresse est la caractéristique du mauvais soldat.

N'étant jamais considérée comme circonstance atténuante (code militaire) elle entraîne toujours des punitions *exemplaires*.

C'est la cause de la plupart des cas de *conseil de guerre*.

Il faut s'en garder à tout prix.

3º Chasteté.

Le soldat a déjà la *pauvreté* et l'*obéissance*, que lui manque-t-il pour ressembler au religieux ? La chasteté et la prière.

Si le vice de l'impureté n'existait pas, l'armée serait une école de morale.

Un réseau de tentation sera tendu autour du jeune soldat.

Son salut est dans la *dévotion à la sainte Vierge* et dans la *fuite*.

Fuite des mauvaises lectures, ceci est facile.

Fuite des conversations déshonnêtes qui amènent de mauvaises idées.

Fuite des mauvaises compagnies.

Si jamais de mauvais camarades cherchaient à entraîner le jeune soldat dans de mauvais lieux, qu'il se montre dès le début *inébranlable*.

Respect de soi-même et de l'uniforme. Fuir les mauvaises rencontres, le soldat y est souvent plus exposé que les autres.

En ne transigeant sur rien il restera inattaquable.

4° Visites et relations.

Sauf les personnes recommandables qui peuvent être en relations avec la famille du jeune soldat, celui-ci doit éviter en principe toute connaissance dans le civil.

Des relations de cette nature ont *toujours* pour résultat de détourner plus ou moins le soldat de ses devoirs. Le civil qui n'en connaît ni la pratique ni l'importance est souvent un mauvais conseiller.

Inutile d'ajouter qu'il en est malheureusement qui cherchent sciemment à propager dans l'armée des idées corruptrices, de nos jours surtout.

(Se méfier des visites nécessitées quelquefois par le blanchissage du linge. Elles seraient dangereuses si elles n'étaient très courtes et très réservées.)

5° Santé.

Rien n'est plus nuisible à la santé que les mauvaises compagnies. La statistique médicale de l'armée, bien que s'améliorant de plus en plus, est encore navrante.

Rejeter bien loin tous les ignobles préjugés que des esprits dévoyés prennent plaisir à enseigner *aux bleus*.

Pas difficile de rencontrer un camarade ayant mêmes idées sur ce point. S'en rapprocher : à deux on est plus fort.

Si je me conduisais mal, disait un brave

petit soldat, *ma mère pleurerait. Oh ! je serai sage, je le lui ai promis...* »

Pourquoi ne pas parler de celle que Dieu vous donnera un jour pour compagne... Quelle honte et quelles funestes conséquences, si vous n'apportez que des ruines à son foyer !...

En cas de surprise, se relever *de suite* et éviter à tout prix le découragement.

6° Récréations et loisirs.

*Passer tous ses loisirs à l'***Œuvre militaire** (1). C'est le moyen le plus efficace pour conserver à la fois et sa vertu... et son argent.

« Depuis que je suis assidu à l'Œuvre militaire, disait un soldat, je dépense beaucoup moins et je m'amuse beaucoup plus » (2).

C'est l'Œuvre militaire qui vous fournira les meilleurs amis, et les plus saines récréations.

Pourquoi ne pas employer les longues soirées d'hiver à perfectionner votre instruction ? L'aumônier sera heureux de se mettre lui et sa bibliothèque à votre disposition.

Dans plusieurs œuvres on a institué des *cours du soir* qui rendent de réels services aux illettrés.

---

(1) S'il n'y a pas encore d'Œuvre militaire dans la garnison, aidez à en créer une. Le soldat présent, le local se trouvera.

(2) Au cas où le soldat changerait de garnison, qu'il consulte la liste qui termine cette brochure : il sera vite orienté vers les Œuvres de sa nouvelle résidence.

XIII

Devoirs religieux.

1° Quelques principes :

Le soldat, en tant que soldat, n'est pas dispensé de ses devoirs religieux.

La prière, la messe du dimanche, la communion pascale sont d'une stricte obligation pour lui comme pour les autres fidèles.

Il peut toujours, avec de la bonne volonté, *à part les raisons de service*, accomplir son devoir dominical.

Les règlements, loin de s'y opposer, *veulent que tous les soldats puissent remplir leurs devoirs religieux*. Ce sont les propres expressions du Président du Conseil dans une interpellation à la Chambre des députés (1895).

2° Conclusion.

Ne jamais omettre sa *prière du matin et du soir*. Celle du matin ne pouvant être longue, puisqu'on la fait en s'habillant ou en allant à l'exercice, se rattraper sur celle du soir.

C'est là le meilleur moment et le plus doux repos de la journée !

Ne pas craindre de la commencer au pied de son lit : pour un séminariste ou un religieux, cet acte de courage est un devoir. Cet exemple est toujours suivi par d'autres camarades.

Dans une chambrée de vingt-deux lits, un soldat ayant fait ainsi sa prière, *ses camarades lui ont demandé de la faire à mi-voix... tous ont répondu.* Cas exceptionnel, mais il montre ce que peut obtenir le courage chrétien.

3º Profiter du dimanche pour refaire ses *provisions spirituelles* de la semaine.

Ne pas croire la sainte communion inutile et impossible. Inutile ? Mais elle est nécessaire pour assurer la persévérance. Impossible ? Mais il y a des soldats qui la font tous les dimanches.

Se confesser le plus souvent possible. La confession purifie, préserve et encourage. *Dans les moments de tristesse, elle est un remède infaillible.*

« **Dieu seul peut remplir le cœur du soldat, à Lui toujours de plus en plus.** »
Général DE SONIS.

La veille de la bataille de Gravelotte, toute une batterie d'artilleurs était allée se confesser sous la tente de l'aumônier, M. Baron. Le lendemain, ils se battirent comme des lions, et l'un deux disait au prêtre qui les félicitait : « Est-ce que vous ne nous reconnaissez pas ? Nous sommes allés vous trouver hier soir, et quand on a fait cela, on ne craint pas l'ennemi. »

« **Sans la religion, pas d'homme complet.** »
Général CHANZY.

XIV

Devoirs filiaux et paroissiaux.

1º Famille.

A l'Œuvre militaire, le papier à lettre et les enveloppes ne coûtent rien, en profiter pour correspondre régulièrement avec vos parents.

Ne gaspillez jamais l'argent qu'ils vous envoient,.. pour un grand nombre c'est le fruit de bien des fatigues et de bien des privations!

Un soldat venait de recevoir un mandat de 10 francs, et il pleurait. « Vous n'avez pas assez ? lui dit l'aumônier. — Oh ! si, mais il faut renvoyer cet argent à ma mère, elle est si pauvre ! » Ayez du cœur comme ce camarade.

2º Paroisse et Œuvre de jeunesse.

A chacune de vos permissions, ne manquez pas d'aller rendre visite à votre curé : il s'intéresse tant à vous !

Allez serrer la main aux camarades de l'Œuvre qui a abrité votre jeunesse.

Cette marque d'affection est dictée autant par la reconnaissance que par la nécessité d'entretenir les liens de l'amitié fraternelle.

Nous connaissons des œuvres de jeunesse où tous les soirs on prie pour les soldats. Ce rendez-vous du cœur a bien ses charmes et son utilité.

3º C'est au retour du service que l'on sera heureux de retrouver ses anciens amis.

On reprendra d'autant plus facilement sa place dans les Œuvres paroissiales, que les relations n'auront jamais été interrompues.

XV

Conseils d'un père à son fils.

« Arbore ton drapeau tout de suite afin que l'on sache qui tu es... Il faut qu'après quarante huit heures les camarades n'aient aucun doute à ton sujet ; c'est l'unique moyen d'éviter les positions fausses et les engagements équivoques.

« *Parler comme on croit, et agir comme on parle,* voilà la meilleure logique du monde.

» Quand on a l'honneur d'être chrétien, il ne s'agit pas de se faire pardonner ou tolérer, mais bien de se faire respecter. »

(Colonel PAQUERON.)

« *Soyez dociles, bons petits soldats ; soyez gais et pleins d'entrain ; pensez à ceux que vous aimez et que vous êtes destinés à protéger; pensez à votre beau pays de France que vous devez être toujours prêts à défendre; faites-vous aimer de vos chefs petits et grands qui ne marchandent pas leur affection et leur sollicitude et qui, plus encore que vous, consacrent leur force et leurs soins à l'honneur et à la grandeur de leur pays.* »

(Colonel M.)

« De tous les sentiments qui élèvent le cœur de l'homme, le plus puissant est incontestablement le sentiment religieux, où le soldat puise l'espérance qui le soutient et le fortifie. »

Général BERTHAUT.

Tu donnerais ton sang pour ce peuple abattu,
Plus généreux encor **donne-lui ta vertu !**

DE LAPRADE.

XVI

Dernières recommandations.

Vivez sous le regard de Dieu.
N'oubliez jamais vos parents.
Ne faites jamais rien qui puisse faire pleurer votre mère.
Gardez le souvenir de **l'église de votre pays.**
Là-bas, on pense à vous !... on prie pour vous... !
Confiez-vous corps et âme à la **Sainte Vierge.**
Dites souvent cette prière :
« **Notre-Dame des armées, gardez-moi, soutenez-moi, protégez-moi.**

J. M. J.

XVII

Quelques traits et documents

SERVANT DE PREUVES

aux conseils contenus dans la Pochette.

1º Le service militaire actuel.

Pour ceux qui ont le triste privilège d'avoir vu arriver trente ou quarante *classes*, le conscrit de nos jours ne ressemble guère à celui qu'ils connurent à leur rentrée au corps. L'arrivée du contingent vers 1850, ou même 1860, si elle était racontée par un témoin, paraîtrait une histoire du bon vieux temps. On devrait bien l'écrire et la répandre dans les familles pâles d'effroi à la pensée de ces trois années ou de cette année unique à passer à la caserne. Les « bleus » verraient qu'on leur fait la partie belle, en comparant leur sort à celui de leurs aînés appelés sous les drapeaux pour sept années.

Sept années ! Ceux qui comptent jour par jour la durée du service restant à accomplir, se doutent-ils de cet exil, en un temps où le recrutement à demi-régional d'aujourd'hui n'existant pas, où les régi-

ments étant d'ailleurs sans cesse déplacés de
à Lille, de Besançon à Périgueux, on était à
centaines de kilomètres de la maison paternel
Alors, pas de chemins de fer permettant d'a
rapidement en permission ; ces sept années étai
bien du service effectif. On partait frêle et imbe
on revenait homme solide, moustachu et baza
ayant presque toujours sinon fait des expéditions,
moins passé quelque temps en Afrique.

Pour le jeune « bleu » moderne, on a ado
toutes les aspérités du chemin. Le dernier vestige
l'antique mise en route des recrues a disparu, pl
de détachement, le bleu reçoit une feuille de rout
prend son billet et monte dans le train comme
bourgeois, la vie militaire ne le prend qu'à so
arrivée dans la garnison, où la musique du régime
l'attend pour lui faire fête et le conduire à l
caserne.

Au quartier, plus de brimades et de plaisanterie
grossières. La théorie s'est faite douce ; beaucou
d'officiers, ont écrit des manuels dont le ton con
traste fort avec la rudesse d'autrefois. Dans le
régiments bien administrés, les bleus ne trouveront
même plus la gamelle en commun. Des tables, un
couvert propre, une nourriture variée, donneront à
beaucoup l'illusion d'un chez-soi plus confortable.
Le village natal n'est jamais bien loin, il est toujours
facile de l'atteindre en quarante-huit heures. Puis ce
n'est que trois ans.

2º Ce qui relèvera la France !

Lorsque la neige enveloppe le bivouac d'un blanc
linceul, lorsqu'un morceau de pain dur est la seule
richesse, lorsque la capote déchirée laisse pénétrer
la pluie glacée, lorsque les pieds sont nus, ce n'est

i Voltaire, ni Rousseau, ni les orateurs politiques, ni les chants de la *Marseillaise* qui mettent le feu ux poitrines. Il faut une croyance, une foi, une spérance, un but ardemment poursuivi.

On a voulu expliquer les fabuleuses défaites de 'armée française en cherchant des causes diverses : la trahison, l'infériorité des canons, la faiblesse des états-majors, l'imprévoyance de l'administration, sans compter le reste.

Pourquoi ne pas reconnaître franchement que ce n'est pas l'armée qui a été vaincue, mais la France ? *La nation s'est écroulée parce qu'elle était sans foi et sans respect. Elle méprisait l'autorité, celle des hommes comme celle de Dieu.* L'armée était sans discipline, parce que le pays tout entier ne savait plus obéir à l'Eglise ni à la loi. Les mots : patrie, honneur, gloire, sacrifice, faisaient venir le sourire aux lèvres. Le théâtre bafouait la *croix de ma mère* et le *sabre de mon père*.

C'est en vain que, pour relever la France de sa chute, on fondra de nouveaux canons, on créera des armées territoriales, on bouleversera toutes les institutions militaires, en copiant servilement la Prusse ; rien ne fera.

Le seul remède, — et celui-là est infaillible, — ce serait de ramener la nation française vers son Dieu.

Jusque-là, nous nous épuiserons en vains efforts, comme le malade qui change de position, jusqu'à l'heure fatale où commencera l'agonie.

Général AMBERT.

3° Du choix des camarades.

Les parents me demandent quelquefois : « Avec qui ira mon fils, au milieu de ses camarades? — Il ira avec qui lui plaira. C'est à lui de choisir ses amis. »

Comment ! il faudrait qu'on vous donnât la
de vos amis ! Choisissez-les vous-mêmes, selon l
tiative de votre cœur gouverné par une saine rai
par un esprit droit et largement ouvert... Eprou
les ! Vous verrez bien s'ils sont dignes de vous.
vous donnent de mauvais conseils, votre devoir est
vous rebiffer : et s'ils vous trahissent, c'est le cas
rompre : il n'y a pas d'amitié sans fidélité.

P. Didon

4° Utilité de l'œuvre militaire.

Aumônier d'œuvre militaire, j'ai souvent fait cet
remarque. Des jeunes gens de bonnes famille
excellents chrétiens, espoir de leurs parents et
leurs pasteurs, arrivent au régiment sans lettres
recommandation pour qui que ce soit ; jetés dans u
milieu qu'ils ne soupçonnaient pas, éperdus, dépaysé
ne connaissant ni la ville ni les usages locaux, n
rencontrant que des étrangers, ils se mettent peu e
peine les premiers temps d'assister à la messe l
dimanche ; et, soit négligence, soit apathie, soit respect humain, ils s'habituent bientôt à ne plus remplir leurs devoirs religieux.

J'en ai recueilli l'aveu sur les lèvres de beaucoup,
lorsque la maladie les a amenés à l'hôpital. Pauvres
jeunes gens, ils se sont trouvés sans garde, sans un
cœur ami, et, faute d'encouragement, de conseils, de
simple information même, ils ont laissé toute pratique ! S'ils avaient eu quelqu'un pour les aider, ils
seraient restés sans doute bons, ils auraient doublé
ce cap des tempêtes et cette épreuve achevée sans
trop de défaillances, ils eussent été de plus vaillants
soldats chrétiens encore !

D'autre part, s'ils n'ont pas un asile où se retirer
à leurs moments libres, il leur faut demeurer pen-

ant de longues heures dans la chambrée, séjour malheureusement funeste, ou, sortant en ville, ils ont forcément entraînés par leurs camarades dans les cafés où leur vertu se heurtera à de nombreux écueils. Dès lors c'en est fait des bons principes reçus au foyer domestique ; les mauvaises habitudes sont bientôt contractées, et une fois engagé dans l'engrenage, il est difficile d'en sortir.

5o Un soldat qui a vu du pays.

Un soldat, à la fin de son service, rentrait sous le toit de sa bonne mère. Le dimanche arrive.

— Viens-tu à la messe avec moi ? dit la pieuse mère.

— Oh ! voyez-vous, ma mère, j'ai voyagé, j'ai vu Paris ; j'ai acquis bien des connaissances dont ne se doute pas celui qui reste dans son village ; vous sentez bien que j'en sais maintenant trop long pour prier comme les bonnes femmes ?

— Ah ! tu n'as plus besoin du bon Dieu, maintenant que tu as vu Paris.

— Mais si, ma mère, mais je raisonne et je me dis : « Il ne m'arrivera que ce qui doit m'arriver ; il est donc superflu de rien demander et d'ennuyer le bon Dieu. »

La bonne mère va seule à la messe. Rentrée chez elle, elle ne prépare rien pour le repas.

Le troupier arrive à l'heure du dîner. La table est vide, pas de feu dans la cheminée.

— Ah çà ! ma mère, est-ce que nous dînons en ville, aujourd'hui ?

— Non !

— Mais vous ne m'avez rien préparé !

— C'est que, vois-tu, ton raisonnement m'a éclairée. Je me suis dit comme toi : « Inutile de s'inquiéter ;

si mon fils doit faire un bon dîner, il le fera ; s'il doit s'en passer, il s'en passera ; tu vois que je m'instruis aussi bien vite. »

Le fils comprit la leçon, et revenu au bon sens :

— Ma mère, faites votre fricot, et dimanche prochain nous irons à la messe ensemble.

6° Tant que j'ai cru en Dieu.

Un ouvrier ajusteur, ivrogne fieffé, exposait un soir au cabaret ses idées sociales à un « copain » :

Plus de patrons ! — Plus de gendarmes ! — Plus de curés ! — Les curés ! oh ! là là !... ricana l'ajusteur, imagine-toi que ma femme, dans les premiers temps, s'était mis dans la tête d'aller à la messe et de faire maigre le vendredi !...

— Pas possible !...

— Si !... tu sais... ç'a pas été long !

Il rentre chez lui et trouve un attroupement de la police et de la foule devant sa porte. Il monte... Il trouve sa femme et ses trois enfants gisant asphyxiés sur le lit conjugal, avec ce billet en guise d'adieu :

« Tant que j'ai cru en Dieu, j'ai eu la force de supporter ma misère. A présent que mon bourreau de mari a fait de moi une désespérée et une impie, je ne veux pas que mes enfants soient malheureux comme moi, et je m'en vais avec eux. »

7° Un homme de foi.

Un jour que Drouot revenait vers Nancy, deux jeunes officiers en sortaient ensemble pour jouir du spectacle enchanteur d'un coucher de soleil derrière les Vosges. Ils arrivaient au carrefour de plusieurs routes, lorsqu'une grande croix, dominant un calvaire, frappa leurs regards. L'un des officiers e découvrit aussitôt avec respect, mais son camarade lui retint vivement le bras en disant :

— Prends garde, si on nous voyait ? voilà quelqu'un ! — Que m'importe ! repartit l'autre. *Tu saluerais ton chef, je pense ? Eh bien, moi je salue notre Maître à tous.*

Drouot, appuyé sur son bâton, marchant avec lenteur, vêtu d'un habit étroitement boutonné, dépassait à ce moment même les deux amis. Au pied du calvaire, il s'arrêta, salua avec respect et reprit le chemin de la ville. Le dimanche suivant, les deux officiers remarquèrent à la messe le vieillard qui leur avait donné, sans le savoir peut-être, une si bonne leçon ; à la communion, il s'avança vers la sainte table et communia avec un respect tout militaire et tout filial en même temps. Un ruban rouge à la boutonnière et la rectitude de cette mise simple mais digne excitèrent la curiosité des jeunes gens.

— Et quel est donc ce vieillard ? demandèrent-ils.
— Quoi ; vous habitez Nancy et vous ne connaissez pas le général ? — Quel général, encore une fois ? Nous arrivions il y a huit jours. — Le général Drouot.

XVII

Liste générale des Prêtres

CHARGÉS PAR NN. SS. LES ÉVÊQUES

DES ŒUVRES PAROISSIALES MILITAIRES DE FRANCE [1]

GOUVERNEMENT DE PARIS
Département de la Seine.

PARIS-VILLE. *Hôpitaux.* **Val-de-Grâce** : titulaire M. Sibassié, logé dans l'établissement. — **Saint-Martin** : titulaire M. Castaing, logé dans l'établissement. — **Prison militaire**, 28, rue du Cherche-Midi, M. Fortier aumônier titulaire, 12, avenue d'Orléans, président du Comité consultatif des Œuvres militaires paroissiales. — **Hôtel des Invalides** : M. Meuley, logé dans l'établissement.

Œuvres paroissiales militaires. PRÉSIDENT DIOCÉSAIN, M. l'abbé Fortier, 12, avenue d'Orléans. — Casernes circonvoisines de **Saint-Augustin** (caserne de la Pépinière), M. l'abbé Gouron-Boisvert, 8, rue Portalis. — Quartiers de **Belleville**, **Charonne**, **Menilmontant** : M. Lasfargues, rue Planchat, 42, et M. l'abbé Boston, premier vicaire à

---

[1] Nous devons cette liste à la bienveillance de M. le Directeur de la *France militaire et religieuse* (Paris).

Ménilmontant, 18, rue Etienne-Dolet. Siège de l'Œuvre : rue des Pavillons, 22. — Caserne de **Reuilly** (nouvelle Œuvre), rue de Reuilly, 37 : M. l'abbé Eguerro, curé. — Quartier de **La Glacière**, de **Lourcine**, du **Luxembourg** et de **Saint-Médard** : M. l'abbé Jouin, curé de Saint-Médard, 141, rue Mouffetard : M. Fonssagrives, 18, rue du Luxembourg. — Casernes circonvoisines de **Saint-Philippe-du-Roule** (Caserne de Penthièvre, etc.), M. Binz (Alfred), 8, rue Frédéric-Bastiat. Siège de l'Œuvre : 34, rue de Courcelles. — Casernes circonvoisines de **Saint-Pierre du Gros-Caillou** (Ecole militaire), M. Asseray, passage Landrieu, 9. — Casernes circonvoisines de **Saint-Vincent de Paul** (Nouvelle-France et Château-d'Eau), M. Tischbauer, 109 *bis*, place Lafayette; M. l'abbé La Charie, rue Chabrol, 24.

PARIS-BANLIEUE. Place de **Vincennes** : M. l'abbé Thibaut, aumônier de l'hôpital, 69 rue de Paris, et M. l'abbé Poulet, avenue de la République, 26 — Hôpital de **Vincennes**, rue de Paris, 69 : titulaire, M. Thibaut, logé dans l'établissement. — Pénitencier de **Bicêtre** (Seine) : M. Ducognon, vicaire à Gentilly. *Casernements, bastions et forts de la banlieue* : **Issy** : M. de Violaines, curé. — **Saint-Denis** : M. Iteney, curé de Saint-Denis de l'Estrée. — **Courbevoie** : M. l'abbé Petit, vicaire, 39, avenue Gambetta. — Pour les autres campements, s'adresser à M. le Curé de la paroisse.

Département de Seine-et-Oise.

Versailles : Garnison, hôpital militaire : M. Bergois, aumônier; MM. Gueusset et confrères, 4, impasse des Gendarmes. — Ecole de **Saint-Cyr** : aumônier titulaire, M. Lanusse, logé dans l'école. — **Poissy** : M. Dubois, curé. — **Rambouillet** : école d'enfants de troupe : M. Macaire, curé. — **Rueil** : M. Gau, curé, M. l'abbé Vicaire. — **Saint-Cloud** : M. Aglon, vicaire. — **Saint-Germain en Laye** : M. N., vicaire.

GOUVERNEMENT DE LYON
Département du Rhône.

Lyon : M. le chanoine Clot, 88, rue de la Part-Dieu, est chargé de centraliser le service religieux militaire; M. Vignal, auxiliaire. — Casernes circonvoisines de **Perrache** : M. Faurax, vicaire à Sainte-Blandine, 5, cours Charlemagne. — Camp de **Sathonay** : M. Flandrin, aux Chartreux ; M. le chanoine Giraudier, aumônier de l'hôpital militaire Desgenettes ; M. l'abbé Matricon, aumônier de l'hôpital militaire des Collinettes ou de Villemanzy ; M. Flandrin, aumônier titulaire de la prison militaire.

Département de la Loire.

Roanne : M. Durris, vicaire à la paroisse de Saint-Etienne. — **Saint-Etienne** : M. Veillet, 86, grande rue Saint-Roch.

GOUVERNEMENT D'ALGER

Nous donnons ci-après les noms de MM. les aumôniers du diocèse d'Alger. — Ceux des diocèses d'Oran et de Constantine sont marqués à leur place alphabétique.

Province d'Alger.

Alger : M. Nicolet, curé de la cathédrale, doyen du chapitre. — **Aumale** : M. Bastide, chapelain. — **Bikaden** (pénitencier de) : M. l'abbé Vey. — **Blidah** (hôpital militaire) : M. l'abbé Piquemal. — **Bousaada** (hôpital militaire) : M. Massacrier. — **Boghar** (hôpital militaire) : M. Impens, chanoine honoraire. — **Cherchell** (hôpital militaire) : M. Papelier. — **Dellys** (hôpital militaire) : M. Eglin. — **Dey** (hôpital militaire) : M. Bréard. — **Dra-el-Mizan** (hôpital militaire) : M. Raymond. — **Koléah** (hôpital militaire) : M. Sabatier. — **Laghouat** (hôpital militaire) : M. Viallet. — **Médéah** (hôpital militaire) : M. Séverin, chanoine honoraire. — **Milianah** (hôpital militaire) : M. Lepin. — **Orléansville** (hôpital militaire) : M. Vallence. — **Ténèz** (hôpital militaire) : M. Farges. — **Tizi Ozou** (hôpital militaire) : M. Augan.

GOUVERNEMENT DE TUNISIE

Aïn-Draham : Garnison et hôpital militaire : M. Andrieux aumônier titulaire. — **Bizerte** : Garnison : M. Roger, curé. —

Carthage : Forteresse : R. P. Delattre, curé. — **Gabès** : Garnison et hôpital militaire : M. Danielli, aumônier titulaire. — **Gafsa** : Garnison et hôpital militaire : M. Hoquétis, aumônier titulaire. — **Hammamet** : Garnison : M. Van derHaak, curé. — **Kairouan** : Garnison : M. Benetti, curé. — **La Goulette** : Garnison : M. Leynaud, curé. — **Le Kef** : Garnison et hôpital militaire : M. Giudicelli, aumônier titulaire. — **Manouba** : Garnison : M. Marceille, aumônier titulaire de Tunis. — **Tebourba** : M. de Smet, curé de Schuiggui. — **Teboursouk** : M. Neu, curé de Béja. — **Metnine et Foum Tataouine** : Garnison et ambulance : M. Danielli, aumônier titulaire de Gabès. — **Monastir** : Garnison : M. Franco, curé. — **Sfax** : Garnison et hôpital : M. Raoul aumônier titulaire. — **Souk-el-Arba** : Garnison : M. Boudou, curé. — **Souk-el-Djema** : Garnison : M. Giudicelli, aumônier titulaire du Kef. — **Sousse** : Garnison et hôpital militaire : M. Pierregrosse, aumônier titulaire. — **Tabarka** : Garnison : M. Cassagne, curé. — **Tunis** : Garnison et hôpital militaire : M. le chanoine Marceille, aumônier titulaire. — **Zaghouan** : Garnison : M. Mortamet, curé de Sainte-Marie du Zit.

TONKIN ET ANNAM

Missionnaires faisant fonction d'aumôniers militaires au Tonkin : **Hanoï** et postes environnants : M. Letourmy. — **Sontay** : M. Jean Robert. — **Lao-Kay** : M. Girod. — **Yen-Bai** : M. Hue, aumônier de l'hôpital et de la garnison. — **Than-hoa** : M. Bon. — **Vihm** (Annam) : M. Abgrall.

S'adresser en outre aux prêtres des Missions étrangères, qui desservent tous les cantons du Tonkin. — 128, rue du Bac, Paris.

MADAGASCAR

Tamatave : R. P. Chenay ; R. P. Lacomme ; R. P. J. Caussèque. — **Majunga** : R. P. Campenon ; R. P. Murat. — **Tananarive** : R. P. Valette. — **Fiaranatsoa** : R. P. Barolon ; R. P. Ch. Caussèque. — **Diégo-Suarez** : M. l'abbé Murat ; M. l'abbé Klein, aumônier de l'hôpital militaire.

Garnisons des 18 corps d'armée de la France continentale et des Provinces de Constantine et d'Oran.

A

Abbeville (Somme) : M. de Neuvillette, vicaire de Saint-Vulfran. — **Agde** (Hérault) : M. N. — *Agen* (Lot-et-Garonne) : M. l'abbé de Ladevèse, 42, rue du Pont-de-Garonne. — **Aix** (Bouches-du-Rhône) : M. Gosson, curé de Saint-Jean de Malte ; M. de Villèle, vicaire à Saint-Jean de Malte ; M. Villeville, vicaire à la métropole. — **Aire-sur-la-Lys** (Pas-de-Calais) : M. Lefebvre, rue du Doyen, 25. — **Ajaccio** (Corse) : M. Bessières, supérieur du Grand Séminaire. — **Alais** (Gard) M. Lauzon chanoine. — **Albertville** (Savoie) : M. Chamiot-Prieur, curé et son vicaire, M. Gontheret, curé de Saint-Sigismond, près Albertville. — **Albi** (Tarn) : M. Puginier, vicaire à Sainte Cécile. — **Alençon** (Orne) : M. Rattier, vicaire à Notre-Dame. — **Amélie-les-Bains** (Pyrénées-Orientales) : M. Julia, hôpital militaire. — **Amiens** (Somme) : MM. Daveluy et Vitasse, chanoines, rue de Metz-l'Evêque, 6. — **Ancenis** (Loire-Inférieure) : M. Monier, professeur au collège. — **Andelys** (Eure) : M. l'Archiprêtre de Notre-Dame. — **Aïn-Braham** (Tunisie) : M. Sébastien, aumônier titulaire. — **Angers** (Maine-et-Loire) : M. Chaplain, chanoine, 12, rue Kellermann. — **Angoulême** (Charente) : R. P. Deval, à Notre-Dame d'Obézines, de la paroisse Saint-Martial. — **Annecy** (Haute-Savoie) : M. l'abbé Maistre, vicaire à Notre-Dame, place Notre-Dame. — **Antibes** (Alpes-Maritimes) : M. Rostan (Joseph), aumônier des Sœurs Trinitaires, à l'hôpital. — **Argentan** (Orne) : M. l'abbé Montembault, vicaire à Saint-Germain d'Argentan. — **Arles** (Bouches-du-Rhône : M. Maurin, vicaire à Saint-Trophime. — **Arras** (Pas-de-Calais) : M. Bellenger, 28, rue des Bouches-de-Cité. — **Arzew** (province d'Oran) : Hôpital militaire : M. l'abbé Faure. — **Aspremont**, fort du Mont-Chauvel (Hautes-Alpes) : M. Basset, curé. — **Auch** (Gers) : M. l'abbé Rèmes, curé de Saint-Paul ; M. Trilhe, économe au Grand Séminaire. — **Auray** (Morbihan) : M. Le Port, vicaire. — **Aussois**, fort de l'Esseillon (Savoie) : M. Allnieux, curé d'Aussois. — **Aurillac** (Cantal) : M. Simou-Ariew, vicaire à Notre-Dame aux Neiges. — **Autun** (Saône-et-Loire) : M. Monnot, vicaire à la cathédrale. — **Auxerre** (Yonne) : M. Marchand, vicaire à la cathédrale. — **Auxonne** (Côte-d'Or) : M. Perrenet, vicaire et M. Choiset, aumônier de l'hôpital. — **Avesnes** (Nord) : M. le Doyen. — **Avignon** (Vaucluse) : M. Jurand, vicaire à Saint-Symphorien, 3, place des Trois-Pilats. — **Avord** (Cher) : M. Mabillat, curé. — **Ayvelles** (fort des) (Ardennes) : M. l'abbé Waternaux.

B

Baccarat (Meurthe-et-Moselle) : M. Chazel, curé — *Bar-le-Duc* (Meuse) : M. Vennout, curé de Saint-Antoine. — **Barraux** (fort) (Isère) : M. Bondat, curé. — **Bastia** (Corse) : M. Gabrielli, aumônier de l'hôpital militaire. — **Batna** (province de Constantine) : hôpital militaire, M. Trinchan. — *Bayonne* (Basses-Pyrénées) : M. Brincas, aumônier de l'hôpital militaire. — **Beaune** (Côte-d'Or) : M. Renaudin, curé de Saint-Nicolas. — **Beauvais** (Oise) : M. d'Hedouville, aumônier de l'orphelinat Saint-Sauveur. — **Belfort** (territoire de) : M. Jay, 18, faubourg Montbéliard. — **Bellac** (Haute-Vienne) : M. Chambon, archiprêtre. — **Bellegarde** (fort) (Pyrénées-Orientales) : M. Respaut, curé de Perthus. — **Belle-Isle** (Morbihan) : M. Audo, aumônier des œuvres militaires. — *Belley* (Ain) : M. l'abbé Rozier, vicaire à la cathédrale. — **Bergues** (Nord) : M. le Doyen. — **Berru** (fort de) (Marne) : M. l'abbé Bouché. — **Bernay** (Eure) : M. Fresnes, curé de Notre-Dame-de-la-Couture. — **Besançon** (Doubs) : M. Payen, rue des Martelots, aumônier du pénitencier. — **Béthune** (Pas-de-Calais) : M. Holuigue, vicaire. — **Béziers** (Hérault) : M. Martin; patronage du Sacré-Cœur. M. l'abbé Audié. — **Billom** (Puy-de-Dôme) : Ecole militaire, M. Tartière, curé de Saint-Loup — **Biskra** (province de Constantine) : hôpital militaire, M. Bonithon. — **Bizerte** (Tunisie) : M. Roger, curé. — **Blaye** (Gironde) : M. Dubreuille, curé. — *Blois* (Loir-et-Cher) : M. Launay, rue Pierre-de-Bois, 9, vicaire de la cathédrale. — **Bône** (province de Constantine) : M. Montastruc, chanoine, hôpital militaire. — **Bonifacio** (Corse) : M. Rocca, vicaire. — **Bordeaux** (Gironde) : M. Boyer, chanoine, 91, rue Mazarine, et M. Burbaud, 2ᵉ aumônier. — **Bouchain** (Nord) : M. Bourgeois, curé-doyen. — **Bougie** (province de Constantine) : M. Puisségur, hôpital militaire. — **Boulogne-sur-mer** (Pas-de-Calais) : M. Joncquel, curé. — **Bourbonne-les-Bains** (Haute-Marne) : M. Gouthière, hôpital militaire. — *Bourg* (Ain) : M. A. Savariu, vicaire à Notre-Dame. — *Bourg-Saint-Maurice*.(Savoie) : (fort de Vulmix) M. le Curé. — **Bourges** (Cher) : M. Chaboisseau, aumônier de l'hôpital militaire, rue Moyenne. — **Bourgoin** (Isère) : M. Ponthon, curé. — **Brest** (Finistère) : M. l'abbé Le Bihan, 11, rue de l'Harteloire. — **Briançon** (Hautes-Alpes) : M. Roux (Alexandre), curé. — **Brimont** (fort de) (Marne) : M. l'abbé Legrain. — **Brives** (Corrèze) : M. Chaminode (François), curé. — **Bruyère** (Vosges) : M. Thiébaut, vicaire.

C

Caen (Calvados) : M. l'abbé Leforestier, 1ᵉʳ vicaire à Saint-Jean, 16, rue des Carmes ; M. l'abbé Besmer, vicaire à Saint-Jean. La réunion a lieu 14, rue Guilebert. — **Cahors** (Lot) : M. Orliac, chanoine honoraire, curé de Saint-Barthélemy ; M. Abessard, chanoine titulaire. — **Calais** (Pas-de-Calais) : M. Daquin, rue de la Rivière. — **Calvi** (Corse) : M. Angelini, curé. — **Cambrai** (Nord) : M. l'abbé Somon, 2, rue des Anges. — **Camp de Châlons** (Marne) : M. Truchon, aumônier de l'hôpital militaire du Camp de Châlons. — **Cannes** (fort Sainte-Marguerite) (Alpes-Maritimes) : Mgr Gigou. — **Carcassonne** (Aude) : M. l'abbé Combes, 2, rue Neuve-du-Mail, à Saint-Michel, et M. l'abbé Charpentier, secrétaire de Mgr l'Evêque. — *Carthage* (Tunis) : R. P. Delattre, curé. — **Castelnaudary** (Aude) : M. Laffon-Maydieu, curé de Saint-François, rue de Toulouse. — **Castel-Sarrazin** (Tarn-et-Garonne) : M. Dufis, archiprêtre de Saint-Sauveur. — **Castres** (Tarn) : M. Perlé, vicaire de Saint-Jacques. — **Cette** (Hérault) : M. Nougaret, curé de Saint-Joseph. — **Chalindrey** (Haute-Marne) : M. Fournier, curé. — **Chalon-sur-Saône** (Saône-et-Loire) : M. Mugnier, curé de Saint-Vincent, et M. Duffy, curé de Saint-Pierre. — **Châlons-sur-Marne**

(Marne) : M. Camut, chanoine honoraire, 6, rue Chamorin. — **Chambéry** (Savoie) : M. Lacombe, aumônier de l'hôpital militaire, rue du Colombier. — **Charleville-Mézières** (Ardennes) : MM. Roger et Greinert. — **Chartres** (Eure-et-Loir) : M. Hervé. — *Châteaudun* (Eure-et-Loir) : M. Crenier, 8, rue du Coq. — **Châteauneuf** (Ille-et-Vilaine) : M. Boutevillain, curé. — **Châteauroux** (Indre) : M. Pavillard, vicaire à Saint-André. — **Châtellerault** (Vienne) : M. Musset, vicaire de Saint-Jacques. — **Chaumont** (Haute-Marne) : M. Servais, curé de Saint-Aignan. — **Cherbourg** (Manche) : M. Sausset, aumônier, rue Tour-Carrée, 22. — **Cholet** (Maine-et-Loire) : M Boisdron, vicaire à Saint-Pierre. — **Clermont-Ferrand** (Puy-de-Dôme) : M. l'abbé Chambon, aumônier du petit lycée. — **Cognelot** (fort du) (Haute-Marne) : M. le Curé de Chalindrey. — **Collioure** (Pyrénées-Orientales) : M. Lioppet, curé. — **Colmars** (Basses-Alpes) : M. Jaubert, curé. — **Commercy** (Meuse) : M. l'archiprêtre et M. Bisteur, vicaire. — **Compiègne** (Oise) : M. Philibet archiprêtre. — *Condé* (Nord) : M. Gabide, curé-doyen. — **Constantine** (province de Constantine) : M. Edme, aumônier de l'hôpital militaire. — **Corcieux** (Vosges) : M. Bradis, curé-doyen. — **Corte** (Corse) : M. Franceschi, curé-archiprêtre. — **Cosne** (Nièvre) : M. Beaudequin, curé de Saint-Aignan. — **Coulommiers** (Seine-et-Marne) : M. Marianval, curé. — **Creusot** (Saône-et-Loire) : M. Rossignol (André), curé de Saint-Charles.

D

Dampierre (fort de) (Haute-Marne) : M. Andrieux, curé. — **Daya** (province d'Oran) : M. Destrez, curé. — **Decize** (Nièvre) : M. Lemoine, archiprêtre et M. Trameçon, vicaire. — **Dieppe** (Seine-Inférieure) : M. Neveu, curé de Saint-Remy, et M. Georget, vicaire. — *Dijon* (Côte-d'Or) : M. l'abbé Baron, 7, rue des Novices, et 83, rue Berbisey. — **Digne** (Basses-Alpes) : M. Germain, professeur au Grand Séminaire. — *Dinan* (Côtes-du-Nord) : M. Dupré, vicaire à Saint-Sauveur de Dinan. — **Djidjeli** (province de Constantine) : M. Bertrand, curé. — **Dôle** (Jura) : M. Lebeau, rue du Collège, 22. — **Domfront** (Orne) : M. Mauger, curé de Saint-Front-sous-

Domfront. — **Douai** (Nord): M. l'abbé Trannin, 18, square Saint-Pierre. — **Draguignan** (Var) : M. Requin, vicaire, et M. Saurin, aumônier de l'hospice. — **Dreux** (Eure-et-Loir) : M. Coutant, vicaire. — **Dunkerque** (Nord) : M. Brousse, curé de Saint-Eloi.

E

Ecluse (camp de l') près Toul : M. Mort, curé de Collonges. — **Ecrouves** près Toul (camp) (Meurthe-et-Moselle) : M. Piermay, curé. — *Elbeuf* (Seine-Inférieure) : M. Renaud, curé-doyen de Saint-Jean. — **Embrun** (Hautes-Alpes) : M. vicaire et aumônier de l'hôpital. — **Entrevaux** (fort) (Basses-Alpes) : M. Tron, curé. — **Epernay** (Marne) : M. Quittat, curé-archiprêtre. — **Epinal** (Vosges) : M. l'abbé Daval, vicaire et les RP. PP. Franciscains. — **Esseillon** (fort de l') (Savoie) : M. Albrieux, curé d'Aussois. — **Evreux** (Eure) : M. Bruno, chanoine, secrétaire général de l'Evêché ; M. l'abbé Blin, pro-secrétaire.

F

Falaise (Calvados) : M. Thomas, curé ; M. Bauzamy, aumônier. — **Foix** (Ariège) : M. Guilmat, curé-archiprêtre. — **Fontainebleau** (Seine-et-Marne) : M. Grison, vicaire, 34, rue du Château. — **Fontenay-le-Comte** (Vendée) : M. Charrier, vicaire à Notre-Dame de Fontenay-le-Comte. — **Fontevrault** (Maine-et-Loire) : M. Tuffreau, curé. — **Fort-des-Rousses** (Jura) : M. Grappe, curé. — **Fougères** (Ille-et-Vilaine : M. Chevrolier, vicaire à Saint-Léonard.

G

Gaillon (Eure) : M. Avisse, doyen. — *Gap* (Hautes-Alpes) : M. Jacob (Léopold), vicaire de la cathédrale. — **Gérardmer** (Vosges) : M. Guyot, curé. — **Givet** (Ardennes) : M. le curé de Saint-Hilaire. — **Granville** (Manche) : M. Briand, vicaire à Saint-Paul ; les PP. Eudistes. — **Grasse** (Alpes-Maritimes) : M. l'Archiprêtre. — **Gravelines** (Nord) : M. Lamant, doyen. — **Gray** (Haute-Saône) : M. Villerey, curé. — **Grenoble**

(Isère) : R. P. Gorse, S. J.; place des Tilleuls, 11. — **Guelma** (province de Constantine) : M. Schwab, hôpital militaire. — **Guéret** (Creuse) : M. Vérier. — **Guingamp** (Côtes-du-Nord) : M. le chanoine Gœury et M. l'abbé Chamaillard, vicaire. — **Guise** (Aisne) : M. Lefebvre, doyen.

H

Ham (Somme) ; M. Foullloy, curé-doyen. — **Héricourt** (Doubs) : M. Retz, curé-doyen. — **Hesdin** (Pas-de-Calais) : M. Condettes, curé, rue de l'Arsenal. — **Hirson** (Aisne) : M. Lefebvre, doyen.

I

Ile d'Yeu (Vendée) : M. Mornet, vicaire de Notre-Dame du Port. — **Issoudun** (Indre) : M. le Curé de Saint-Cyr.

J

Jausiers (Basses-Alpes) : M. Reynaud, curé. — **Joigny** (Yonne) : M. N., vicaire à Saint-Jean, et M. Bornot, professeur au Petit Séminaire.

L

La Condamine (Basses-Alpes) : M. Ollivier, curé. — **La Fère** (Aisne) : M. Lemaire, doyen. — **La Flèche** (Sarthe) : M. l'Archiprêtre de Saint-Thomas. — **Lalla Maghrnia** (province d'Oran) : M. Maury. — **Landerneau** (Finistère) : M. Guillerm, vicaire. — **Landrecies** (Nord) : M. Fournet, curé-doyen. — **Langres** (Haute-Marne) : M R. Villard, chancelier de l'Evêché ; M. Dormoy, curé de Saint-Martin ; M. Marcel, aumônier de l'hôpital militaire ; M. Raclot, aumônier de l'hôpital civil. — **Lanuéjouls** (Gard) : M Jourdan, curé. — **Laon** (Aisne) : M. Bouxin, vicaire à la cathédrale. — *La Rochelle* (Charente-Inférieure) : M. Renaud, chanoine. — **La Roche-sur-Yon** (Vendée) : M. l'abbé Rivière, 11. rue Chanzy. — **La Turbie** (Alpes-Maritimes) : M. Siga, recteur. — *Laval* (Mayenne) : M. Furet, curé de Notre-Dame, et M. Normandière, directeur de Beauregard. — **Le Blanc** (Indre) : M. Degenest, archiprêtre et M. l'abbé N., vicaire. — **Le Havre** (Seine-Inférieure) : M. le Curé et l'abbé Genty, vicaire à Saint-François ; M. Bellenger, curé de Sainte-Adresse. — **Le Mans** (Sarthe) : M. Grandin, aumônier de la prison militaire, rue Maupertuis, 3 ; M. Germain, vicaire à Saint-Pavin, rue du Pavé, 51. — **Le Puy** (Haute-Loire) : M. Flandrin, vicaire à Saint-Georges Saint-Régis, et M. Mercier, vicaire à Notre-Dame. — **Le Quesnoy** (Nord) : M. Sinsoilliez, doyen. — **Lérouville** (Meuse) : M. Tronville, curé. — **Les Rousses** (fort) (Jura) : M. l'abbé Renaud, curé des Rousses. — **Les Sables d'Olonnes** : M. l'abbé Brébion, vicaire. — **Libourne** (Gironde) : M. Latour, curé. — **Lille** (Nord) : M. l'abbé Gavelle, rue de la Barre, 33. — *Limoges* (Haute-Vienne) : M. Leclerc, archiprêtre ; M. Delor, curé ; M. Dumillen ; M. Courteix ; R. P. Bouniol. — **Lisieux** (Calvados) : M. Couyère, curé. — **Lodève** (Hérault) : M. l'aumônier de l'hospice. — **Lomontos** (fort du) (Doubs) : M. Parrenin, curé de Montécheroux (Doubs). — **Longwy** (Meurthe-et-Moselle) : M. l'abbé Muel, curé. — *Lons-le-Saunier* (Jura) · M. Chère, directeur au Grand Séminaire. — **Lorient** (Morbihan) : M. Morcrette, aumônier des Œuvres militaires. — **Lunel** (Hérault) : M. Vigourel, aumônier de la Présentation. — *Lunéville* (Meurthe-et-Moselle) : M. l'abbé Pierrat, vicaire à Saint-Jacques — **Lure** (Haute-Saône) : M. Heuvrard, curé. — **Lyon** (Rhône) . M. Clot, rue de la Part-Dieu ; M. Vignal, auxiliaire ; M. Flandrin, aux Chartreux ; M. Faurax, vicaire à Sainte-Blandine, 48, cours Charlemagne ; M. Giraudier, aumônier de l'hôpital militaire Desgenettes ; M. Matricon, aumônier de l'hôpital militaire des Collinettes ou de Villemanzy.

M

Mâcon (Saône-et-Loire) : M. Vareille, rue des Ecoles. — **Magnac-Laval** (Haute-Vienne) : M. Vigier, curé-doyen. — **Mamers** (Sarthe) : M. Morin, archiprêtre de Mamers et MM. les professeurs du collège Saint-Paul, à Mamers. — **Manonvilliers** (fort de) (Meurthe-et-Moselle) : M. le Curé. — *Marmande* (Lot-et-Garonne) : M. Tachouzin, aumônier de l'hôpital. — **Marseille** (Bouches-du-Rhône) : M. Bérenger, curé de Saint-Victor ; M. Pinatel, curé de Saint-Défendant ; M. Bœuf, 30, place d'Aix. — **Mascara** (province d'Oran) : M. Mathieu. — **Maubeuges** (Nord) : M. l'abbé Laurent, rue de la République, 8. — **Mayenne** (Mayenne) : M. Lhuissier, vicaire à N.-D. de Mayenne. — **Meaux** : M. Hébert, curé de Saint-Nicolas. — **Mécheria** (province d'Oran) : M. Doumens, aumônier militaire. — **Melun** (Seine-et-Marne) : M. Goubreville, vicaire à Saint-Aspais, et M. N., vicaire à Notre-Dame, 12, rue Notre-Dame. — **Mende** (Lozère) : M. de Ligonnès, supérieur du Grand Séminaire ; M. Boussac, professeur. — **Menton** (Alpes-Maritimes) : M. Albin, curé de Cabbé-Roquebrune. — **Mers el Kebir** (province d'Oran) : aumônerie du fort, M. l'abbé Gilloux. — *Mézières-Charleville* : MM. les abbés Roger et Greiner, vicaires à Mézières. — **Mirande** (Gers) : M. Lian, curé-archiprêtre, et M. Baradat, vicaire, aumônier de l'hospice. — **Modane** (Savoie) : M. Demaison. — *Montargis* (Loiret) : M. Dauvois, vicaire de Sainte-Madeleine. — *Montauban* (Tarn-et-Garonne) : M. De Scorbiac, aumônier des Frères ; M. de Bellerive, aumônier de l'hôpital. — **Montbéliard** (Doubs) : M. Feuvrier, curé. — *Montbré* (fort de Marne) : M. Chevallier, curé. — *Montbrison* (Loire) : M. Ollagnier, curé de Saint-Pierre. — **Mont-Dauphin** (Hautes-Alpes) : M. Borel (Henri), curé. — **Mont-de-Marsan** (Landes) : M. Dubosque, aumônier de l'hôpital. — **Montélimar** (Drôme) : M. Gerein, vicaire. — **Montlandon** (fort de) (Haute-Marne) : M. Villemin, curé. — **Montlouis** (Pyrénées-Orientales) : M. Corrieu, curé. — **Montluçon** (Allier) : RR. PP. Maristes. — **Montmédy** (Meuse) : M. Robert, archiprêtre. — **Montmélian** (Savoie) : M. Bressand, curé. — *Montpellier* (Hérault) : M. Grégoire, aumônier des Petites-Sœurs ; M. Verdier, supérieur du Grand Séminaire ; M. Sahut, secrétaire de Monseigneur. — **Montreuil-sur-Mer** (Pas-de-Calais) : M. Queste, curé. — **Morlaix** (Finistère) : M. Le Bihan, vicaire à Sainte-Mélène. — **Mostaganem** (province d'Oran) : M. Gazel, 9, rue de Ploujean. — **Moulins** (Allier) : M. Lacroix, vicaire au Sacré-Cœur, 15, rue de la Fraternité. — **Moutiers** (Savoie) : M. l'abbé Michel, vicaire.

N

Nancy (Meurthe-et-Moselle) : M. le chanoine Girard et M. l'abbé Simon, 28, quai Claude-le-Lorrain, pavillon Drouot. — *Nantes* (Loire-Inférieure) : Mgr de Couëtus, rue Royale, 15 ; M. Th. Mainguy, 7, rue Félix ; M. Robin, vicaire à Saint-Clément. — **Narbonne** (Aude) : M. Gayral, à Saint-Paul. — **Nemours** (province d'Oran) : M. Milhioud, curé. — *Neufchâteau* (Vosges) : M. Joly, curé de Saint-Christophe. — *Nevers* (Nièvre) : M. Chamouard, directeur du clos Saint-Joseph. — **Nice** (Alpes-Maritimes) : M. Bonnetti, 8, rue Pauliany ; M. Imbert, aumônier de l'hôpital militaire. — **Nîmes** (Gard) : M. l'abbé Brun, directeur de l'œuvre militaire. — *Niort* (Deux-Sèvres) : M. Rabeau, curé ; M. Godet, vicaire à Saint-André. — **Nogent-le-Rotrou** (Eure-et-Loir) : M. Bouscary, vicaire à Notre-Dame. — **Noyon** (Oise) : M. Lagneaud, archiprêtre.

O

Oran (province d'Oran) : M. Poupart, aumônier de l'hôpital militaire et de l'Œuvre des soldats ; M. l'abbé Bellamy, supérieur des salésiens de dom Bosco. — **Orange** (Vaucluse) : M. le Curé de Notre-Dame. — **Orléans** (Loiret) : M. Le Franc, rue des Murlins 24 ; M. Houard, aumônier de la prison.

P

Pamiers (Ariège) : M. de Séré, vicaire général. — **Parthenay** (Deux-Sèvres) : M. Gallais, vicaire à Saint-Laurent. — **Pau** (Basses-Pyrénées) : M. Souerbielle, curé de Saint-Jacques. — **Peigney** (fort de) (Haute-Marne) : M. Ferrand, curé. — **Périgueux** (Dordogne) : M. l'abbé Morel, professeur au collège libre de Saint-Joseph ; M. l'abbé Mayjonade, aumônier de l'hospice civil et militaire de Périgueux. — **Péronne** (Somme) : M. Leroy, archiprêtre. — **Perpignan** (Pyrénées-Orientales) : M. Bartre, curé de N.-D. de la Réal ; M. Jordy, curé de Saint-Jacques. — **Pézenas** (Hérault) : M. Mariès, curé. — **Philippeville** (province de Constantine) : hôpital militaire, M. Saudraly, chanoine honoraire. — **Pierre-Châtel** (fort de) (Ain) :

M. Arrambourg, curé de Virignin. — **Plesnoy** (fort de) (Haute-Marne) : M. Jourdeil, curé. — **Poitiers** (Vienne) ; M. Boyer, aumônier de Sainte-Croix. — **Pont-à-Mousson** (Meurthe-et-Moselle) : M. l'abbé Grandclaude, vicaire à Saint-Laurent — **Pontivy** (Morbihan) : M. Jouanno, aumônier de l'hôpital. — **Pont-Saint-Vincent** (fort de) (Meurthe-et-Moselle) : M. le Curé. — **Pont-Saint-Esprit** (Gard) : M. le chanoine Igonnet, curé de Saint-Saturnin ; M. l'abbé Niel, aumônier de l'hôpital militaire. — **Port-Louis** (Morbihan) : M. Guyomar, vicaire. — **Port-Vendres** (Pyrénées-Orientales) : M. Meig, curé. — **Prato de Mollo** (Pyrénées-Orientales) : M. Bonas, curé. — **Privas** (Ardèche) : M. Roure, curé ; M. Caussin, vicaire. — **Provins** (Seine-et-Marne) : M. Périer, curé ; M. l'abbé Merris, curé de Saint-Ayoult.

Q

Queyras (château) (Hautes-Alpes) : M. Richard Guillaume, curé. — **Quimper** (Finistère) : M. Le Du, vicaire à Saint-Mathieu.

R

Rambervillers (Vosges) ; M. Loeuillet, curé-doyen. — **Rambouillet** (Seine-et-Oise) : M. Macaire, curé. — *Reims* (Marne) M. Camu, vicaire à Notre-Dame ; M. Cochin, vicaire à Saint-Remi ; M. Fuzellier, vicaire à Saint-André ; M Leboeuf, vicaire à Saint-Jean-Baptiste ; M. Lecombe, curé de Saint-Benoît. — **Remiremont** (Vosges) : M. Vuillemin, archiprêtre. — **Rennes** (Ille-et-Vilaine) : M. l'abbé Lecoiffier, à Saint-Etienne, 3, rue de Dinan, près du canal d'Ille-et-Rance. — **Riom** (Puy-de-Dôme) : M. Gervais, vicaire à Notre-Dame du Marthuret. — **Roanne** (Loire) ; M. Durris, vicaire à Saint-Etienne. — **Rolampont** (Haute-Marne) : M. Vauthier, curé. — **Rochefort** (Charente-Inférieure) : M. Bouquin, curé de Saint-Louis. — **Roche-sur-Yon** (Vendée) : M. E. Rivière, aumônier, rue Chanzy, 11. — **Rocroy** (Ardennes) : M. Lambert, curé de Saint-Nicolas. — **Rodez** (Aveyron) : MM. Pouget, Marty, vicaires de la cathédrale. — **Romans** (Drôme) : M. Holzel, vicaire à Saint-Bernard. — **Romorantin**

(Loir-et-Cher) : M. Daumas, vicaire, à la cure. — **Rouen** Seine-Inférieure) : *Rive droite :* M. Le Sergant, premier vicaire à la cathédrale, 4, rue des Chanoines ; *Rive gauche :* M. le curé de Saint-Sever, rue Saint-Julien. Siège de l'œuvre : 45, rue Saint-Julien. — **Ruchard** (camp du) : M. Marquet, curé de Villaines (Iudre-et-Loire). — **Rumilly** (Haute-Savoie) : M. le Curé.

S

Les **Sables d'Olonne** : M. Naud, vicaire à la Chaume. — **Saïda** (province d'Oran) : M. Pons, curé. — **Saint-Brieuc** (Côtes-du-Nord) : M. Le Pennec, chanoine honoraire. — **Saintes** (Charente-Inférieure) : M. Guillotin, aumônier de l'hôpital. — **Saint-Dié** (Vosges) : M. Metz, curé de Saint-Martin ; — **Saint-Etienne** (Loire) : M. Veillet, 86, rue Saint-Roch. — **Saint-Gaudens** (Haute-Garonne) : M. Touzet, archiprêtre et aumônier de l'hôpital. — *Saint-Lô* (Manche) : M. Penitot, vicaire à Notre-Dame. — **Saint-Maixent** (Deux-Sèvres) : M. Arignon, chanoine, curé. — *Saint-Malo* (Ille-et-vilaine) : M. l'abbé Phetu, vicaire à Notre-Dame-Auxiliatrice, et M. l'abbé Saillard, vicaire à la cathédrale de Saint-Malo. — **Saint-Mange** (fort de) (Haute-Marne) : M. Vauthier, curé de Rolampont. — **Saint-Martin-de-Ré** (Charente-Inférieure) : M. Manseau, curé. — **Saint-Médard-en-Jalle** (camp de) (Gironde) : M. Cafargue, curé. — **Sainte-Menehould** (Marne) : M. Henry, curé-archiprêtre. — *Saint-Mihiel* (Meuse) : M. Verjus, curé-doyen ; M. Remy, curé de Saint-Etienne. — **Saint-Nazaire** (Loire-Inférieure) : M. Feildel, aumônier de l'hôpital. — **Saint-Nicolas du Port** (Meurthe-et-Moselle) : M. Carrier, curé et les P. Rédemptoristes. — **Saint-Omer** (Pas-de-Calais) : M. Delattre, rue Thiers, 27. — **Saint-Quentin** (Aisne) : M. Mathieu, archiprêtre. — *Saint-Servan* (Ille-et-Vilaine) : M. Ramel, vicaire à Saint-Servan. — **Saint-Vincent-du-Lauzet** (Basses-Alpes) : M. Tron, curé. — **Salins** (Jura) : M. Cattenoz, curé de Saint-Anatoile. — **Salon** (Bouches-du-Rhône) : M. Eissiris, curé. — **Sampigny** (Meuse) : M. Génin, curé. — **Sapey** (fort du) : M. Demaison, curé à Modane. — **Sartène** (Corse) : M. Perette, archiprêtre. — **Sathonay** (camp de) (Rhône) : M. Flandrin. — *Sedan* (Ardennes) : M. Dervillé, curé-archiprêtre de Saint-Charles ; M. Fleuget, vicaire, 7, rue des Francs-Bourgeois, aumônier de l'hôpital militaire. — **Senlis** (Oise) : M. Méteil, vicaire. — **Sens** (Yonne) : M. Côte, vicaire. — **Sétif** (province de Constantine) : hôpital militaire, M. Charelles. — **Sézanne** (Marne) : M. Tripied, archiprêtre. — **Sidi-Bel-Abbès** (province d'Oran) : M. Poux, curé. — **Sisteron** (Basses-Alpes) : M. Peyron, vicaire. — *Soissons* (Aisne) : M. le chanoine Duchastel, 5 *bis*, rue de Panleu. — **Sospel** (fort de) (Alpes-Maritimes) : M. Toesca, curé. — **Stenay** (Meuse) : M. Mangin, curé. — **Saint-Jean-Pied-de-Port** (Basses-Pyrénées) : M. Héguy, curé.

T

Tarascon (Bouches-du-Rhône) : MM. Baux et Imbert, vicaires à Sainte-Marthe. — *Tarbes* (Hautes-Pyrénées) : M. Fourcade. — **Thonon** (Haute-Savoie) : M. Lavanchy, curé. — *Tiaret* (province d'Oran) : hôpital militaire. M. l'abbé Reynouard. — **Tlemcen** (province d'Oran) : M. Brevet. — *Toul* (Meurthe-et-Moselle) : M. l'abbé Dublanchy, vicaire à la cathédrale, rue des Clercs, 5. — **Toulon** (Var) : les R. P. Maristes. — *Toulouse* (Haute-Garonne) : Garnison : M. Delpech, archiprêtre ; M. de Falguières, aumônier du Noviciat des Frères ; M. Trilhes, 8, rue Sainte-Anne. Hôpital militaire : M. Bareilles, aumônier. — **Tours** (Indre-et-Loire) : M. l'abbé Chapier et le clergé de la basilique Saint-Martin, 3, rue du Président-Merville. — **Troyes** (Aube) : M. Mahéraux, vicaire à Saint-Nicolas, pour l'infanterie ; M. Pitsch, vicaire à Saint-Martin, pour la cavalerie. — **Tulle** (Corrèze) : M. Parquet, curé de Saint-Jean-Baptiste.

V

Valence (Drôme) : M. Raymond, curé de Saint-Jean, et M. Duc, vicaire. — **Valenciennes** (Nord) : M. l'abbé Carette, hôpital militaire, rue Salle-le-Comte, 10. — **Vannes** (Morbihan) : M. Guiomer, vicaire à Saint-Paterne. — **Vendôme** (Loir-et-Cher) : M. l'abbé Ménager, vicaire de la Trinité. — **Verdun** (Meuse) : M. Rampont, impasse Saint-Jean, 5. — *Vernon* (Eure) : M. Grieu, doyen. — **Vienne** (Isère) : M. le curé de Saint-Maurice et M. l'abbé Ciavatty, vicaire de Saint-Maurice. — **Vesoul** (Haute-Saône) : M. Quirot, curé. — **Villefranche** (Alpes-Maritimes) : M. Milo, curé. — **Villey-le-Sec** (fort de) (Meurthe-et-Moselle) : M. Thouvenin, curé. — **Vincennes** (Seine) : M. Thibaut, 69, rue de Paris ; M. Poulet, 26, avenue de la République. — **Vitré** (Ille-et-Vilaine) : M. Ridel, vicaire à Saint-Martin. — **Vitry-le-François** (Marne) : M. Nottin, curé-archiprêtre. — **Vouziers** (Ardennes) : M. Bouché, curé de Notre-Dame. — **Vulmix** (fort de) (Bourg-Saint-Maurice) : M. Michel, curé de Bourg-Saint-Maurice.

LISTE DES AUMONIERS TITULAIRES DE LA MARINE

Toulon : Hôpital maritime, prison maritime et garnison : M. l'abbé Huet ✻ ; hôpital de Saint-Mandrier : M. l'abbé Julian. — **Rochefort** : Hôpital, prison maritime et garnison. M. l'abbé Bizien. — **Lorient** : Hôpital, prison maritime et garnison maritime : M. l'abbé Bochez ✻ ; hôpital de Port-Louis : M. l'abbé Lorrain. — **Brest** : Hôpital maritime : M. l'abbé Lacroix ✻ ; prison maritime et arsenal maritime : M. l'abbé Darrieux ✻. — **Cherbourg** : Hôpital maritime : M. l'abbé Perrot ✻ ; prison maritime et arsenal maritime : M. l'abbé Bridonneau. — Division de l'Atlantique : A bord du *Dubourdieu* : M. l'abbé Mac. — Escadre du Nord : A bord du *Hoche* : M. l'abbé Roubaud. — Escadre active de la Méditerranée : A bord du *Brennus* : M. l'abbé Cornuault. — Escadre de réserve de la Méditerranée : A bord de l'*Amiral-Duperré* : M. l'abbé Le Bouzic. — Division navale de l'Extrême-Orient : A bord du *Bayard* : M. l'abbé Robert. — Division du Levant : A bord de la *Dévastation* : M. l'abbé Ducuron. — Ecole d'application : A bord de l'*Iphigénie* : M. l'abbé Le Gac — Ecole navale : A bord du *Borda* : M. l'abbé Benoît. — Ecole des canonniers et timoniers : A bord de la *Couronne* : M. l'abbé Thimel. — Ecole des gabiers : A bord de la *Melpomène* : M. l'abbé Lainard. — Ecole des mousses : A bord de la *Bretagne* : M. l'abbé Bruley des Varannes ✻. — En convalescence : M. l'abbé Esmangard de Bournonville. — En cas de guerre, la marine a en plus deux aumôniers à mobilisation.

TABLE DES MATIÈRES

- I. — Avant le départ.................................... 7
    - 1° Préparatifs spirituels................. 7
    - 2° Préparatifs matériels................. 8
- II. — Objets à emporter............................. 9
- III. — Questions d'argent........................... 11
    - 1° La bienvenue............................. 11
    - 2° Prêts et emprunts..................... 11
- IV. — Jour de départ................................. 12
- V. — A la caserne.................................... 13
    - 1° Avis généraux........................... 13
    - 2° A la chambrée........................... 14
    - 3° Premières heures de services..... 15
    - 4° Peloton d'instruction................. 15
- VI. — Obéissance et discipline................... 16
- VII. — Honneur et drapeau....................... 18
- VIII. — Devoirs envers les supérieurs......... 20
- IX. — Des punitions.................................. 22
- X. — Relations avec les camarades............ 24
- XI. — Les brimades.................................. 26
- XII. — Devoirs envers soi-même................ 28
    - 1° Propreté................................... 28
    - 2° Tempérance.............................. 28
    - 3° Chasteté................................... 29
    - 4° Visites et relations..................... 30
    - 5° Santé....................................... 30
    - 6° Récréations et loisirs................. 31
- XIII. — Devoirs religieux............................ 32
    - 1° Quelques principes..................... 32
    - 2° Conclusion................................ 32
- XIV. — Devoirs filiaux et paroissiaux.......... 34
- XV. — Conseils d'un père à son fils........... 36
    - Un colonel à ses soldats................. 36

XVI.	— Dernières recommandations	38
XVII.	— Quelques traits et documents	39
	1° Le service militaire actuel	39
	2° Ce qui relèvera la France	40
	3° Du choix des camarades	41
	4° Utilité des Œuvres militaires	42
	5° Un soldat qui a vu du pays	43
	6° Tant que j'ai cru en Dieu	44
	7° Un homme de foi	44
XVIII.	— Liste des aumôniers d'œuvres paroissiales militaires	46
	Liste des aumôniers titulaires de la marine	62

FEUILLE DE ROUTE PAROISSIALE

à faire remplir avant le départ par votre curé.

~~~~~~

Le soldat ....

qui va au .... régiment d ....

en garnison à ....

trouvera un ami en la personne de

M. l'abbé ....

....

aumônier de l'Œuvre militaire de la garnison.

<div align="right">L'Ami du pays natal, (1)</div>

.... Novembre 189 ....

(1) Nom et adresse de M. le Curé.